SOUS VIDE

RICETTE FACILI E GUSTOSE PER PRINCIPIANTI

ISABELLA BALDO

Sommario

Arrosto di manzo al coriandolo e aglio

Tempo di preparazione + cottura: 24 ore e 30 minuti | Porzioni: 8

ingredienti

4 cucchiai di olio d'oliva

Mandrino di manzo da 2 libbre

Sale e pepe nero qb

1 cucchiaino di timo

1 cucchiaino di coriandolo

1 tazza di salsa di soia

½ tazza di succo di limone appena spremuto

½ tazza di succo d'arancia appena spremuto

½ tazza di salsa Worcestershire

¼ di tazza di senape gialla

3 spicchi d'aglio, tritati

Indicazioni

Preparare un bagnomaria e inserire il Sous Vide. Impostare su 141 F. Preparare l'arrosto e legarlo con lo spago da macellaio. Condisci con sale, pepe, timo e coriandolo.

Metti una padella di ghisa a fuoco alto. Nel frattempo ungere l'arrosto con 2 cucchiai di olio d'oliva utilizzando una spazzola morbida. Mettere la carne sulla padella a rosolare per 1 minuto su entrambi i lati. Unisci la salsa Worcestershire, la senape, l'aglio, la salsa di soia, il limone e il succo d'arancia in un recipiente.

Far scorrere la carne di manzo in un sacchetto sottovuoto, mescolarla alla marinata precedentemente preparata e chiudere il sacchetto con il metodo dello spostamento dell'acqua. Cuocere a bagnomaria per 24 ore.

Una volta pronto, apri la busta e versa il liquido in un pentolino. Cuocere per 10 minuti a fuoco vivace fino a raggiungere la metà del volume.

Aggiungere 2 cucchiai di olio d'oliva e preriscaldare la padella in ghisa a fuoco vivace. Mettere delicatamente la carne nella padella e rosolare un minuto per lato. Togliete l'arrosto dalla padella e lasciate raffreddare per circa 5 minuti. Affetta e aggiungi la salsa.

Costata di manzo

Tempo di preparazione + cottura: 1 ora e 40 minuti | Porzioni: 2

ingredienti

1 cucchiaio di burro

Bistecca di manzo da 1 libbra

Sale e pepe nero qb

½ cucchiaino di aglio in polvere

½ cucchiaino di cipolla in polvere

½ cucchiaino di timo

Indicazioni

Preparare un bagnomaria e inserire il Sous Vide. Impostato su 134 F.

Strofina entrambi i lati della carne con sale, pepe, timo, cipolla e aglio in polvere. Far scorrere a pezzi all'interno del sacchetto sottovuoto, aggiungendo il burro. Utilizzare il metodo di spostamento dell'acqua per sigillare il sacchetto e metterlo nel bagnomaria. Cuocere per 90 minuti.

Una volta pronta, eliminare il liquido di cottura e tirare fuori la bistecca dal sacchetto per asciugarla tamponando con carta da cucina. Riscalda una padella di ghisa a fuoco alto. Cuoci la bistecca per 1 minuto per lato. Al termine, lasciate raffreddare per 5 minuti prima di affettare.

Bistecca alla francese tradizionale

Tempo di preparazione + cottura: 2 ore e 25 minuti | Porzioni: 5

ingredienti

4 cucchiai di burro

2 libbre di controfiletto di manzo

Sale e pepe nero qb

1 scalogno, tritato

2 rametti di salvia fresca

1 rametto di rosmarino fresco

Indicazioni

Preparare un bagnomaria e inserire il Sous Vide. Impostato su 134 F.

Sciogliere 2 cucchiai di burro in una grande padella di ghisa a fuoco vivace. Metti la bistecca di manzo nella padella e rosola ogni lato per 30-45 secondi. Metti da parte la carne. Aggiungere lo scalogno, la salvia e il rosmarino. Mescolare il burro e le erbe aromatiche. Cuocere per circa 1-2 minuti fino a quando non diventa verde brillante e morbido.

Infilare il controfiletto in un sacchetto sottovuoto, aggiungere le erbe precedentemente mescolate e sigillare il sacchetto con il metodo dello spostamento dell'acqua. Cuocere per 2 ore.

Una volta pronta, togliete la carne e buttate il liquido di cottura. Adagiare il controfiletto su un piatto rivestito con carta assorbente o una teglia da forno.

Riscaldare una padella di ghisa a fuoco vivace e aggiungere 2 cucchiai di burro. Quando il burro sfrigola, restituire la bistecca e rosolare per 2 minuti su entrambi i lati. Spegnete il fuoco e lasciate il controfiletto per circa 5 minuti. Infine, tagliate a pezzettini. Va servito con verdure e patate.

Chipotle Beef Steak Coffee Rub

Tempo di preparazione + cottura: 1 ora 55 minuti | Porzioni: 4

ingredienti

1 cucchiaio di olio d'oliva

2 cucchiai di burro

1 cucchiaio di zucchero

Sale e pepe nero qb

1 cucchiaio di fondi di caffè

1 cucchiaio di aglio in polvere

1 cucchiaio di cipolla in polvere

1 cucchiaio di chipotle in polvere

4 bistecche

Indicazioni

Preparare un bagnomaria e inserire il Sous Vide. Impostare su 130 F. Unire zucchero di canna, sale, pepe, fondi di caffè, cipolla, aglio in polvere e paprika in una piccola ciotola. Adagiare le bistecche sulla superficie precedentemente pulita e spennellare un sottile strato di olio d'oliva. Metti le bistecche in sacchetti sottovuoto separati. Quindi chiudere i sacchetti utilizzando il metodo dello spostamento dell'acqua. Metterli a bagnomaria e cuocerli per 1 ora e 30 minuti.

Una volta pronte, rimuovere le bistecche e scartare il liquido. Metti le bistecche su un piatto rivestito con carta assorbente o una teglia da forno. Riscaldare una padella di ghisa a fuoco vivace e aggiungere il burro. Quando il burro sfrigola, rimettete il filetto nella padella e rosolatelo per 1 minuto su entrambi i lati. Lasciate raffreddare per 2-3 minuti e affettate per servire.

Bistecca arrosto perfetta

Tempo di preparazione + cottura: 20 ore 20 minuti | Porzioni: 4

ingredienti

4 cucchiai di olio di sesamo

4 bistecche arrosto tenero di mandrino

1 cucchiaino di aglio in polvere

1 cucchiaino di cipolla in polvere

1 cucchiaino di prezzemolo essiccato

Sale e pepe nero qb

Indicazioni

Preparare un bagnomaria e inserire il Sous Vide. Impostato su 130 F.

Riscaldare l'olio di sesamo in una padella a fuoco vivace e rosolare le bistecche per 1 minuto per lato. Mettere da parte e lasciare raffreddare. Unire l'aglio in polvere, la cipolla in polvere, il prezzemolo, il sale e il pepe.

Strofinare le bistecche con il composto e metterle in un sacchetto sigillabile sottovuoto. Rilasciare l'aria con il metodo dello spostamento dell'acqua, sigillare e immergere la sacca nel bagnomaria. Cuocere per 20 ore. Una volta che il timer si è fermato, rimuovere le bistecche e asciugarle tamponando con carta da cucina. Eliminare i succhi di cottura.

Filetto di manzo al peperoncino

Tempo di preparazione + cottura: 3 ore 20 minuti | Porzioni: 4

ingredienti

2 cucchiai di burro chiarificato

2 ¼ libbre di filetto di manzo

Sale e pepe nero qb

1 cucchiaio di olio al peperoncino

2 cucchiaini di timo essiccato

1 cucchiaino di aglio in polvere

½ cucchiaino di cipolla in polvere

½ cucchiaino di pepe di cayenna

Indicazioni

Preparare un bagnomaria e inserire il Sous Vide. Impostare a 134 F. Condire il filetto con sale e pepe. Unisci l'olio al peperoncino, il timo, l'aglio in polvere, la cipolla in polvere e il pepe di Caienna. Spennellate il composto sul filetto. Mettere il filetto in un sacchetto sigillabile sottovuoto. Rilasciare l'aria con il metodo dello spostamento dell'acqua, sigillare e immergere la sacca nel bagnomaria. Cuocere per 3 ore.

Una volta che il timer si è fermato, rimuovere il filetto e asciugarlo tamponando con un canovaccio da cucina. Riscaldare il burro chiarificato in una padella a fuoco alto e rosolare il filetto per 45 secondi per lato. Mettere da parte e lasciar riposare per 5 minuti. Taglialo e servi.

Bistecca di Tamari con uova strapazzate

Tempo di preparazione + cottura: 1 ora 55 minuti | Porzioni: 4

ingredienti

¼ di tazza di latte

1 tazza di salsa Tamari

½ tazza di zucchero di canna

⅓ tazza di olio d'oliva

4 spicchi d'aglio, tritati

1 cucchiaino di cipolla in polvere

Sale e pepe nero qb

Bistecca di gonna da 2 ½ libbre

4 uova

Indicazioni

Preparare un bagnomaria e inserire il Sous Vide. Impostare a 130 F. Unire la salsa Tamari, lo zucchero di canna, l'olio d'oliva, la cipolla in polvere, l'aglio, il sale marino e il pepe. Mettere la bistecca in un sacchetto sigillabile sottovuoto con il composto. Rilasciare l'aria con il metodo dello spostamento dell'acqua, sigillare e immergere la sacca nel bagnomaria. Cuocere per 1 ora e 30 minuti.

In una ciotola, unisci le uova, il latte e il sale. Mescolare bene. Mescola le uova in una padella a fuoco medio. Mettere da parte. Una volta che il timer si è fermato, rimuovere la bistecca e asciugarla tamponando. Riscaldare una padella a fuoco alto e rosolare la bistecca per 30 secondi per lato. Tagliarla a listarelle. Servire con le uova strapazzate.

Gustose polpette mediterranee

Tempo di preparazione + cottura: 1 ora 55 minuti | Porzioni: 4

ingredienti

1 libbra di carne macinata

½ tazza di pangrattato

¼ di tazza di latte

1 uovo, sbattuto

2 cucchiai di basilico fresco tritato

1 spicchio d'aglio, tritato

1 cucchiaino di sale

½ cucchiaino di basilico essiccato

1 cucchiaio di olio di sesamo

Indicazioni

Preparare un bagnomaria e inserire il Sous Vide. Impostare su 141 F. Unire la carne di manzo, il pangrattato, il latte, l'uovo, il basilico, l'aglio, il sale e il basilico e formare 14-16 polpette. Mettere 6 polpette in ogni busta richiudibile sottovuoto. Rilasciare l'aria con il metodo dello spostamento dell'acqua, sigillare e immergere i sacchetti nel bagnomaria. Cuocere per 90 minuti. Scalda l'olio in una padella a fuoco medio. Una volta che il timer si è fermato, rimuovere le polpette e trasferirle nella padella e rosolarle per 4-5 minuti. Eliminare i succhi di cottura. Servire.

Peperoni ripieni

Tempo di preparazione + cottura: 2 ore 35 minuti | Porzioni: 6

Ingredienti:

6 peperoni di media grandezza

1 libbra di carne macinata magra

1 cipolla di media grandezza, tritata finemente

1 pomodoro di media grandezza, tritato

½ cucchiaino di pepe di Caienna, macinato

3 cucchiai di olio extravergine d'oliva

Sale e pepe nero qb

Indicazioni:

Preparare un bagnomaria, inserire il sottovuoto e impostare a 180 ° F. Tagliare l'estremità del gambo di ogni peperone e rimuovere i semi. Risciacquare e mettere da parte.

In una ciotola grande, unisci carne macinata, cipolla, pomodoro, pepe di Caienna, olio d'oliva, sale e pepe. Versare il composto di manzo nei peperoni.

Posizionare delicatamente 1 o 2 peperoni in ogni busta sigillabile sottovuoto e sigillare la busta. Immergere i sacchetti a bagnomaria e cuocere per 1 ora e 20 minuti. Una volta che il timer si è fermato, rimuovere i sacchetti, aprire la chiusura e lasciare raffreddare per circa 10 minuti prima di servire.

Hamburger di manzo ripieno alla francese

Tempo di preparazione + cottura: 50 minuti | Porzioni: 5

ingredienti

1 uovo

1 libbra di carne macinata

3 cipolle verdi, tritate

2 cucchiaini di salsa Worcestershire

2 cucchiaini di salsa di soia

Sale e pepe nero qb

5 fette di formaggio Camembert

5 panini per hamburger

Foglie di lattuga iceberg

5 fette di pomodoro

Indicazioni

Preparare un bagnomaria e inserire il Sous Vide. Impostare su 134 F. Unire la carne di manzo, la cipolla, l'uovo e la salsa di soia usando le mani e condire con sale e pepe. Forma il composto in 8 polpette. Metti 1 fetta di cheddar al centro di ogni tortino e posiziona un altro tortino sopra il cheddar. Combina bene per creare un unico tortino.

Metti le polpette al formaggio in quattro sacchetti sigillabili sottovuoto. Rilasciare l'aria con il metodo dello spostamento dell'acqua, sigillare e immergere i sacchetti nel bagnomaria. Cuocere per 30 minuti.

Una volta che il timer si è fermato, rimuovere le polpette e asciugarle con un canovaccio da cucina. Eliminare i succhi di cottura. Riscaldare una padella a fuoco alto e rosolare le polpette per 1 minuto per lato. Metti gli hamburger sui panini tostati. Completare con lattuga e pomodoro.

Petto di Manzo Affumicato

Tempo di preparazione + cottura: 33 ore 50 minuti | Porzioni: 8)

ingredienti

¼ di cucchiaino di fumo di noce americano liquido

8 cucchiai di miele

Sale e pepe nero qb

1 cucchiaino di peperoncino in polvere

1 cucchiaino di prezzemolo essiccato

1 cucchiaino di aglio in polvere

1 cucchiaino di cipolla in polvere

½ cucchiaino di cumino macinato

4 libbre di petto di manzo

Indicazioni

Preparare un bagnomaria e inserire il Sous Vide. Impostato su 156 F.

Unisci il miele, il sale, il pepe, il peperoncino in polvere, il prezzemolo, la cipolla e l'aglio in polvere e il cumino. Riserva 1/4 della miscela. Spennellate la punta di petto con il composto.

Posizionare la punta di petto in una busta richiudibile sottovuoto di grandi dimensioni con il fumo liquido. Rilasciare l'aria con il metodo dello spostamento dell'acqua, sigillare e immergere la sacca nel bagnomaria. Cuocere per 30 ore. Una volta che il timer si è fermato, rimuovere la busta e lasciar raffreddare per 1 ora.

Preriscaldare il forno a 300 F.

Asciugare con carta da cucina la punta di petto e spennellarla con la salsa riservata. Eliminare i succhi di cottura. Trasferire la punta di petto su una teglia, infornare e cuocere per 2 ore.

Una volta che il tempo è scaduto, rimuovere la punta di petto e coprirla con un foglio di alluminio per 40 minuti. Servire con fagioli al forno, pane fresco e burro.

Salsicce di manzo al ketchup di Digione e curry

Tempo di preparazione + cottura: 1 ora e 45 minuti | Porzioni: 4

ingredienti

½ tazza di senape di Digione

4 salsicce di manzo

½ tazza di ketchup al curry

Indicazioni

Preparare un bagnomaria e inserire il Sous Vide. Impostato su 134 F.

Mettere le salsicce in un sacchetto sigillabile sottovuoto. Rilasciare l'aria con il metodo dello spostamento dell'acqua, sigillare e immergere la sacca nel bagnomaria. Cuocere per 90 minuti. Una volta che il timer si è fermato, rimuovere le salsicce e trasferirle su una griglia a fuoco alto. Cuocere per 1-3 minuti finché non compaiono i segni della griglia. Servire con senape e ketchup al curry.

Bistecca Tri-Tip di Soia Aglio

Tempo di preparazione + cottura: 2 ore 5 minuti | Porzioni: 2

Ingredienti:

1 ½ libbra di bistecca a tre punte

Sale e pepe nero qb

2 cucchiai di salsa di soia

6 spicchi d'aglio, pre-arrostiti e schiacciati

Indicazioni:

Fare un bagnomaria, inserire il sottovuoto e impostare a 130 F. Condire la bistecca con pepe e sale e metterla in un sacchetto sigillabile sottovuoto. Aggiungi la salsa di soia. Rilasciare l'aria con il metodo dello spostamento dell'acqua e sigillare il sacchetto. Immergere nel bagnomaria e impostare il timer per 2 ore.

Una volta che il timer si è fermato, rimuovere e aprire il sacchetto. Riscaldare una padella di ghisa a fuoco alto, inserire la bistecca e rosolarla su entrambi i lati per 2 minuti ciascuno. Affetta e servi in insalata.

Costine di manzo marinate in stile coreano al forno

Tempo di preparazione + cottura: 5 ore 20 minuti | Porzioni: 5

ingredienti

2 cucchiai di olio di canola

3 libbre di costolette di manzo

Sale e pepe nero qb

½ tazza di zucchero

½ tazza di salsa di soia

¼ di tazza di aceto di mele

¼ di tazza di succo d'arancia

2 cucchiai di aglio tritato

1 cucchiaino di fiocchi di peperone rosso

¼ di tazza di erba cipollina tritata

¼ di tazza di semi di sesamo

Indicazioni

Preparare un bagnomaria e inserire il Sous Vide. Impostare su 141 F Condire le costine con sale e pepe. Unisci lo zucchero di canna, la salsa di soia, l'aceto, il succo d'arancia, l'olio di canola, l'aglio e i fiocchi di peperoncino. Mettere le costine in due buste sigillabili sottovuoto con la salsa all'arancia. Rilasciare l'aria con il metodo dello spostamento dell'acqua. Mettete in frigorifero per 2 ore. Sigilla e immergi i sacchetti nel bagnomaria. Cuocere per 3 ore.

Caribean Chili Steak Tacos

Pronto in circa 2 ore e 10 minuti | Porzioni: 4

ingredienti

1 cucchiaio di olio di canola

Bistecca di fianco da 2 libbre

Sale e pepe nero qb

1 cucchiaino di aglio in polvere

2 cucchiaini di succo di lime

Scorza di 1 lime

La scorza e il succo di 1 arancia

1 cucchiaino di fiocchi di peperone rosso

1 spicchio d'aglio, tritato

1 cucchiaio di burro

12 tortillas di mais

1 cavolo cappuccio rosso, affettato

Pico de gallo, per servire

Panna acida, per servire

4 peperoni serrano, affettati

Indicazioni

Preparare un bagnomaria e inserire il Sous Vide. Impostare a 130 F.

Condire la bistecca con sale, pepe e aglio in polvere. Unire il succo e la scorza di lime, il succo e la scorza d'arancia, i fiocchi di peperoncino e l'aglio. Mettere la bistecca e la salsa in un sacchetto sigillabile sottovuoto. Rilasciare l'aria con il metodo dello spostamento dell'acqua. Mettete in frigo per 30 minuti. Sigilla e immergi nel bagnomaria. Cuocere per 90 minuti.

Una volta che il timer si è fermato, rimuovere la bistecca e asciugarla tamponando con carta da cucina. Scaldare l'olio e il burro in una padella a fuoco alto e rosolare la bistecca per 1 minuto. Taglia la bistecca a fette. Riempi la tortilla con la bistecca. Guarnire con cavolo cappuccio, pico de gallo, panna acida e serrano.

Gustose costolette con salsa barbecue

Tempo di preparazione + cottura: 12 ore e 15 minuti | Porzioni: 6

ingredienti

2 cucchiai di burro

1 ½ libbra di costolette di manzo

Sale e pepe nero qb

3 cucchiai di olio di sesamo tostato

1 tazza e mezzo di salsa barbecue

10 spicchi d'aglio, schiacciati

3 cucchiai di aceto di champagne

2 cucchiai di zenzero fresco tritato

⅛ tazza di scalogno tritato

⅛ tazza di semi di sesamo

Indicazioni

Preparare un bagnomaria e inserire il Sous Vide. Impostare su 186 F. Condire le costine con sale e pepe. Scaldare l'olio di sesamo in una padella a fuoco alto e rosolare ogni costola per 1 minuto per lato. Unisci la salsa barbecue, l'aglio, l'aceto e lo zenzero. Mettere tre costine in ogni busta sigillabile sottovuoto con la salsa barbecue. Rilasciare l'aria con il metodo dello spostamento dell'acqua, sigillare e immergere la sacca nel bagnomaria. Cuocere per 12 ore.

Una volta che il timer si è fermato, rimuovere le costole e asciugarle tamponando con carta da cucina. Scaldare una casseruola a fuoco medio e versarvi il sugo di cottura. Cuocere per 4-5 minuti fino a quando non diventa appiccicoso. Riscaldare il burro in una padella a fuoco vivace e rosolare le costine per 1 minuto per lato. Completare con la salsa barbecue. Guarnire con scalogno e semi di sesamo.

Controfiletto di manzo

Tempo di preparazione + cottura: 1 ora e 50 minuti | Porzioni: 6

ingredienti

2 cucchiai di olio d'oliva

3 libbre di controfiletto di manzo, tagliato a listarelle

Sale e pepe nero qb

2 cucchiai di aceto di vino bianco

½ cucchiaio di succo di limone appena spremuto

1 cucchiaino di pimento

½ cucchiaio di aglio in polvere

1 cipolla, tritata

1 pomodoro, tritato

2 spicchi d'aglio, tritati

2 cucchiai di salsa di soia

4 tazze di quinoa cotta

Indicazioni

Preparare un bagnomaria e inserire il Sous Vide. Impostare su 134 F. Condire il controfiletto con sale e pepe. Unisci bene 1 cucchiaio di olio d'oliva, aceto di vino bianco, succo di limone, pimento e aglio in polvere.

Mescolare il controfiletto con la marinata e metterlo in un sacchetto sigillabile sottovuoto. Rilasciare l'aria con il metodo dello spostamento dell'acqua, sigillare e immergere la sacca nel bagnomaria. Cuocere per 1 ora e 30 minuti.

Nel frattempo, scaldare l'olio d'oliva in una casseruola a fuoco medio e incorporare cipolla, pomodoro, aglio e salsa di soia. Cuocere per 5 minuti fino a quando il pomodoro inizia ad ammorbidirsi. Mettere da parte.

Una volta che il timer si è fermato, rimuovere il controfiletto e asciugarlo tamponando con carta da cucina. Riserva i succhi di cottura. Riscaldare una padella a fuoco alto e rosolare per 1-2 minuti.

Unire il sugo di cottura al composto di pomodoro. Cuocere per 4-5 minuti fino a quando non sobbollire. Aggiungere il controfiletto e mescolare per altri 2 minuti. Servire con la quinoa.

Bistecca alle erbe

Tempo di preparazione + cottura: 3 ore 20 minuti | Porzioni: 6

ingredienti

2 cucchiai di burro

3 libbre di bistecca di gonna

2 cucchiai di olio extravergine di oliva

1 ½ cucchiaino di aglio in polvere

Sale e pepe nero qb

¼ di cucchiaino di cipolla in polvere

¼ di cucchiaino di pepe di cayenna

¼ di cucchiaino di prezzemolo essiccato

¼ di cucchiaino di salvia essiccata

¼ di cucchiaino di rosmarino essiccato tritato

Indicazioni

Preparare un bagnomaria e inserire il Sous Vide. Impostare su 134 F. Spennellare la bistecca con olio d'oliva.

Unisci l'aglio in polvere, il sale, il pepe, la cipolla in polvere, il pepe di Caienna, il prezzemolo, la salvia e il rosmarino. Strofina la bistecca con il composto.

Metti la bistecca in un grande sacchetto richiudibile sottovuoto. Rilasciare l'aria con il metodo dello spostamento dell'acqua, sigillare e immergere la sacca nel bagnomaria. Cuocere per 3 ore.

Una volta che il timer si è fermato, rimuovere la bistecca e asciugarla tamponando con carta da cucina. Riscaldare il burro in una padella a fuoco alto e rosolare la bistecca per 2-3 minuti su tutti i lati. Lasciar riposare 5 minuti e tagliare per servire.

Polpette di Manzo al Peperoncino

Tempo di preparazione + cottura: 55 minuti | Porzioni: 3

Ingredienti:

1 libbra di carne macinata magra

2 cucchiai di farina 00

¼ di tazza di latte

½ cucchiaino di pepe nero appena macinato

¼ di cucchiaino di peperoncino

3 spicchi d'aglio, schiacciati

1 cucchiaino di olio d'oliva

1 cucchiaino di sale

½ tazza di foglie di sedano, tritate finemente

Indicazioni:

Preparare un bagnomaria, inserire il Sous Vide e impostare a 136 F.

In una grande ciotola, unire la carne macinata con farina, latte, pepe nero, peperoncino, aglio, sale e sedano. Mescola con le mani fino a quando tutti gli ingredienti sono ben amalgamati. Forma delle palline da boccone e mettile in un grande sacchetto sigillabile sottovuoto in un unico strato.

Immergere la busta sigillata nel bagnomaria e cuocere per 50 minuti. Togli le polpette dal sacchetto e asciugale. Rosolare le polpette in una padella mediamente calda con l'olio d'oliva, rigirandole su tutti i lati.

Jalapeno-Tomato Rib Roast

Tempo di preparazione + cottura: 1 ora e 40 minuti | Porzioni: 4

Ingredienti:

Costolette di manzo da 3 libbre, tagliate in 2

Sale e pepe nero qb

½ tazza di miscela jalapeno-pomodoro

½ tazza di salsa barbecue

Indicazioni:

Fare un bagnomaria, inserire il sottovuoto e impostare a 140 F. Condire la griglia per costolette con sale e pepe. Mettere in un sacchetto sigillabile sottovuoto, rilasciare aria e sigillarlo. Mettere a bagnomaria e impostare il tempo su 1 ora. Una volta che il timer si è fermato, apri il sacchetto. Mescola gli ingredienti rimanenti. Lascia raffreddare per 30 minuti.

Nel frattempo, preriscaldare una griglia a fuoco medio. Cospargere le costine con la salsa jalapeno e metterla sulla griglia. Rosolare per 2 minuti su tutti i lati.

Polpette Greche con Salsa di Yogurt

Tempo di preparazione + cottura: 1 ora e 10 minuti | Porzioni: 4

Ingredienti:

1 libbra di carne macinata magra

¼ di tazza di pangrattato

1 uovo grande, sbattuto

2 cucchiaini di prezzemolo fresco

Sale marino e pepe nero qb

3 cucchiai di olio extravergine d'oliva

Salsa allo yogurt:

6 once di yogurt greco

1 cucchiaio di olio extravergine d'oliva

Aneto fresco

Succo di limone da 1 limone

1 spicchio d'aglio, tritato

Sale qb

Indicazioni:

Inizia con la preparazione della salsa yougurt. Sbatti insieme tutti gli ingredienti della salsa in una ciotola media, copri e metti in frigorifero per 1 ora.

Ora, prepara un bagnomaria, mettici dentro Sous Vide e imposta su 141 F. Metti la carne in una grande ciotola. Aggiungere l'uovo sbattuto, il pangrattato, il prezzemolo fresco, il sale e il pepe. Combina bene gli ingredienti insieme. Forma delle palline da boccone e mettile in un grande sacchetto sigillabile sottovuoto in un unico strato. Sigilla la busta e cuoci a bagnomaria per 1 ora. Con una schiumarola togliere con cura dal sacchetto e scartare il liquido di cottura.

Rosolare le polpette in una padella mediamente calda con olio d'oliva fino a quando non saranno dorate, 2-3 minuti per lato. Condire con salsa allo yogurt e servire.

Filetto di manzo scottato al peperoncino

Tempo di preparazione + cottura: 2 ore 45 minuti | Porzioni: 5

ingredienti

2 cucchiai di miele

3 libbre di filetto

2 cucchiai di olio d'oliva

Sale e pepe nero qb

2 cucchiai di cipolla in polvere

2 cucchiai di aglio in polvere

1 cucchiaio di paprika

2 cucchiaini di peperoncino serrano affumicato in polvere

1 cucchiaino di salvia essiccata

1 cucchiaino di noce moscata

1 cucchiaino di cumino macinato

2 cucchiai di burro

Indicazioni

Preparare un bagnomaria e inserire il Sous Vide. Impostare a 130 F.

Spennellare il filetto con olio d'oliva.

Unisci sale, pepe, miele, cipolla in polvere, aglio in polvere, paprika affumicata, peperoncino serrano affumicato, salvia, noce moscata e cumino. Strofina il filetto con il composto.

Mettere in un grande sacchetto sigillabile sottovuoto. Rilasciare l'aria con il metodo dello spostamento dell'acqua, sigillare e immergere la sacca nel bagnomaria. Cuocere per 2 ore e 30 minuti.

Una volta che il timer si è fermato, rimuovere la bistecca e asciugarla tamponando con un canovaccio da cucina. Scaldare il burro in una padella a fuoco alto e rosolare la bistecca per 2-3 minuti su tutti i lati. Lasciar riposare 5 minuti e tagliare per servire.

Petto di manzo al barbecue

Tempo di preparazione + cottura: 48 ore 15 minuti | Porzioni: 8

Ingredienti:

1 ½ libbra di petto di manzo

Sale e pepe nero qb

1 cucchiaio di olio d'oliva

1 cucchiaio di aglio in polvere

Indicazioni:

Preparare un bagnomaria e inserire il Sous Vide. Impostare a 150 F. Strofinare il sale, il pepe e l'aglio in polvere sulla carne e metterla in un sacchetto sigillabile sottovuoto. Rilasciare l'aria con il metodo dello spostamento dell'acqua, sigillare e immergere nel bagno d'acqua. Imposta il timer per 48 ore. Dopo 2 giorni, scaldare l'olio d'oliva in una padella a fuoco medio. Rimuovere la carne dalla busta e rosolare tutti i lati.

Bistecche di controfiletto con salsa di crema di funghi

Tempo di preparazione + cottura: 1 ora e 20 minuti | Porzioni: 3

Ingredienti:

3 bistecche di controfiletto disossate

Sale e pepe nero qb

4 cucchiaini di burro non salato

1 cucchiaio di olio d'oliva

200 g di funghi bianchi, tagliati in quarti

2 scalogni grandi, tritati

2 spicchi d'aglio, tritati

½ tazza di brodo di manzo

½ tazza di panna

2 cucchiaini di salsa di senape

Scalogno tagliato a fettine sottili per guarnire

Indicazioni:

Preparare un bagnomaria, inserire il sottovuoto e impostare a 135 ºF. Condire la carne con pepe e sale e metterla in 3 buste separate sottovuoto. Aggiungi 1 cucchiaino di burro in ogni busta. Rilasciare l'aria con il metodo dello spostamento dell'acqua, sigillare e immergere la sacca nel bagnomaria. Impostato su 45 minuti.

Dieci minuti prima che il timer si fermi, scaldare l'olio e il burro rimanente in una padella a fuoco medio. Una volta che il timer si è fermato, rimuovere e aprire il sacchetto. Togli la carne, asciugala e mettila nella padella. Riserva i succhi nelle buste. Scottare su ogni lato per 1 minuto e trasferire sul tagliere. Affetta e metti da parte.

Nella stessa padella aggiungere lo scalogno e i funghi. Cuocere per 10 minuti e aggiungere l'aglio. Cuocere per 1 minuto. Aggiungere il brodo e il succo riservato. Fai bollire per 3 minuti. Aggiungere la panna, portare a ebollizione a fuoco alto e ridurre a fuoco basso dopo 5 minuti. Spegnete il fuoco e incorporate la salsa di senape. Mettere la bistecca su un piatto, guarnire con salsa ai funghi e guarnire con lo scalogno.

Costata di manzo con crosta di erbe di sedano

Tempo di preparazione + cottura: 5 ore 15 minuti | Porzioni: 3

Ingredienti:

1 ½ libbra di costata di manzo, con osso

Sale e pepe nero qb

½ cucchiaino di pepe rosa

½ cucchiaio di semi di sedano essiccati

1 cucchiaio di aglio in polvere

2 rametti di rosmarino, tritati

2 tazze di brodo di manzo

1 albume d'uovo

Indicazioni:

Salare la carne e lasciarla marinare per 1 ora. Fare un bagnomaria, inserire il Sous Vide e impostare a 130 F. Posizionare la carne di manzo in un sacchetto sigillabile sottovuoto, rilasciare l'aria con il metodo dello spostamento dell'acqua e sigillare il sacchetto. Immergi la borsa nel bagnomaria. Imposta il timer per 4 ore e cuoci. Una volta pronto, togliere la carne e asciugare tamponando; mettere da parte.

Mescolare il pepe nero in polvere, il pepe rosa in polvere, i semi di sedano, l'aglio in polvere e il rosmarino. Spennellate la carne con l'albume. Immergere la carne nella miscela di semi di sedano per ricoprire graziosamente. Mettere in una teglia e cuocere in forno per 15 minuti. Rimuovere e lasciare raffreddare su un tagliere.

Affetta delicatamente la carne, tagliandola contro l'osso. Versare il liquido in un sacchetto sottovuoto e il brodo di carne in una padella e portare a ebollizione a fuoco medio. Eliminare il grasso o i solidi galleggianti. Mettere le fette di manzo su un piatto e cospargere di salsa. Servire con un contorno di verdure verdi al vapore.

Bistecca di manzo con scalogno e prezzemolo

Tempo di preparazione + cottura: 1 ora e 15 minuti | Porzioni: 4

Ingredienti:

2 libbre di bistecca di manzo, affettata

2 cucchiai di senape di Digione

3 cucchiai di olio d'oliva

1 cucchiaio di foglie di prezzemolo fresco, tritate finemente

1 cucchiaino di rosmarino fresco, tritato finemente

1 cucchiaio di scalogno, tritato finemente

½ cucchiaino di timo essiccato

1 spicchio d'aglio, schiacciato

Indicazioni:

Preparare un bagnomaria e posizionarvi sopra il sottovuoto. Impostato su 136 F.

In una piccola ciotola, unire la senape di Digione, l'olio d'oliva, il prezzemolo, il rosmarino, lo scalogno, il timo e l'aglio. Strofinare la carne con questo composto e metterla in un sacchetto sigillabile sottovuoto. Rilasciare l'aria con il metodo dello spostamento dell'acqua, sigillare e immergere la sacca nel bagnomaria. Imposta il timer per 1 ora. Servire con insalata.

Grigliata di barbecue arrosto

Tempo di preparazione + cottura: 14 ore 20 minuti | Porzioni: 3

Ingredienti:

Arrosto di mandrino di manzo da 1 libbra

2 cucchiai di condimento per barbecue

Indicazioni:

Fare un bagnomaria, posizionare il Sous Vide e impostare a 165 F.

Preriscalda una griglia. Asciugare la carne con un tovagliolo di carta e strofinare con il condimento per barbecue. Metti da parte per 15 minuti. Mettere la carne in un sacchetto sigillabile sottovuoto, rilasciare l'aria con il metodo dello spostamento dell'acqua e sigillare il sacchetto.

Immergiti nel bagnomaria. Imposta il timer per 14 ore e cuoci. Una volta che il timer si è fermato, rimuovere il sacchetto e aprirlo. Rimuovere la carne e sminuzzarla. Servire.

Manzo in Scatola Semplice

Tempo di preparazione + cottura: 5 ore 10 minuti | Porzioni: 4

Ingredienti:

15 once di petto di manzo

1 cucchiaio di sale

¼ di tazza di brodo di manzo

1 cucchiaino di paprika

1 tazza di birra

2 cipolle, affettate

½ cucchiaino di origano

1 cucchiaino di pepe di cayenna

Indicazioni:

Preparare un bagnomaria e posizionarvi sopra il sottovuoto. Impostare a 138 F. Tagliare la carne in 4 pezzi. Mettere in sacchetti sigillati sottovuoto separati. Sbatti birra, brodo e spezie in una ciotola. Incorporare le cipolle. Dividi il composto tra i sacchetti.

Rilasciare l'aria con il metodo dello spostamento dell'acqua, sigillare e immergere la sacca a bagnomaria. Imposta il timer per 5 ore. Una volta che il timer si è fermato, rimuovere il sacchetto e trasferirlo su un piatto.

Filetto di Pomodoro Arrosto

Tempo di preparazione + cottura: 2 ore 8 minuti | Porzioni: 4

Ingredienti:

2 libbre di filetto di manzo tagliato al centro, spesso 1 pollice

1 tazza di pomodori arrostiti al fuoco, tritati

Sale e pepe nero qb

3 cucchiai di olio extravergine d'oliva

2 foglie di alloro, intere

3 cucchiai di burro, non salato

Indicazioni:

Preparare un bagnomaria, inserire il sottovuoto e impostare a 136 F. Risciacquare accuratamente la carne sotto l'acqua corrente e asciugare tamponando con carta assorbente. Strofinare bene con l'olio d'oliva e condire generosamente con sale e pepe. Mettere in un grande sacchetto sigillabile sottovuoto insieme a pomodori arrostiti e due foglie di alloro. Sigilla il sacchetto, immergilo a bagnomaria e cuoci per 2 ore.

Una volta fatto, togliere i sacchetti, adagiare la carne su una teglia. Eliminare il liquido di cottura. In una padella capiente, sciogliere il burro a fuoco medio. Aggiungere il filetto e rosolare per 2 minuti su ogni lato. Servire con la salsa e le verdure preferite.

Bistecca di manzo con purè di rape

Tempo di preparazione + cottura: 1 ora e 20 minuti | Porzioni: 4

Ingredienti:

4 bistecche di controfiletto

2 libbre di rape, tagliate a dadini

Sale e pepe nero qb

4 cucchiai di burro

Olio d'oliva per rosolare

Indicazioni:

Fare un bagnomaria, inserire il Sous Vide e impostarlo a 128 F. Condire le bistecche con pepe e sale e metterle in un sacchetto sigillabile sottovuoto. Rilasciare l'aria con il metodo dello spostamento dell'acqua, sigillare e immergere la sacca nel bagnomaria. Imposta il timer per 1 ora.

Mettere le rape in acqua bollente e cuocere finché sono teneri per circa 10 minuti. Filtrare le rape e metterle in una terrina. Aggiungere il burro e schiacciarli. Condite con pepe e sale.

Una volta che il timer si è fermato, rimuovere e aprire i sacchetti. Togli le bistecche dalla busta e asciugale. Condire a piacere. Scottare le bistecche in una padella con olio a fuoco medio per circa 2 minuti per lato. Servire le bistecche con purè di rape.

Bistecca con Pomodoro

Tempo di preparazione + cottura: 3 ore e 30 minuti | Porzioni: 3

Ingredienti:

1 libbra di bistecca di fianco

4 cucchiai di olio d'oliva, diviso in due

1 cucchiaio + 1 cucchiaino di condimento italiano

Sale e pepe nero qb

4 spicchi d'aglio, 2 chiodi di garofano schiacciati + 2 chiodi di garofano interi

1 tazza di pomodorini

1 cucchiaio di aceto balsamico

3 cucchiai di parmigiano grattugiato

Indicazioni:

Preparare un bagnomaria, inserire il sottovuoto e impostare su 129 F. Posizionare la bistecca in un sacchetto sigillabile sottovuoto. Aggiungere metà olio d'oliva, condimento italiano, pepe nero, sale e aglio schiacciato e strofinare delicatamente.

Rilasciare l'aria con il metodo dello spostamento dell'acqua e sigillare il sacchetto. Immergiti nel bagnomaria. Imposta il timer per

3 ore e cuoci 10 minuti. Prima che il timer si fermi, preriscaldare un forno a 400 F.

In una ciotola condite i pomodori con gli ingredienti rimasti, tranne il parmigiano. Versare in una pirofila e infornare sulla griglia più lontana dal fuoco. Infornate per 15 minuti.

Una volta che il timer si è fermato, rimuovere il sacchetto, aprire il sigillo e rimuovere la bistecca. Trasferire su una superficie piana e rosolare entrambi i lati con una torcia fino a doratura. Lasciate raffreddare e affettate sottilmente. Servire la bistecca con pomodoro arrosto. Guarnire con il parmigiano.

Bistecca di Manzo alla Pera

Tempo di preparazione + cottura: 3 ore 10 minuti | Porzioni: 3

Ingredienti:

3 (6 once) bistecche di manzo e pera

2 cucchiai di olio d'oliva

4 cucchiai di burro non salato

4 spicchi d'aglio, schiacciati

4 rametti di timo fresco

Indicazioni:

Fare un bagnomaria, inserire il Sous Vide e impostare a 135F. Condire la carne con sale e metterla in 3 buste sigillabili sottovuoto. Rilasciare l'aria con il metodo dello spostamento dell'acqua e sigillare i sacchetti. Immergiti nel bagnomaria. Imposta il timer per 3 ore e cuoci.

Una volta che il timer si è fermato, rimuovere la carne, asciugare tamponando e condire con pepe e sale. Scaldare l'olio in una padella a fuoco medio fino a quando non inizia a fumare. Aggiungere le bistecche, il burro, l'aglio e il timo. Rosolare per 3 minuti su entrambi i lati. Ungi con altro burro mentre cucini. Affettare le bistecche nelle fette desiderate.

Spalla di manzo con funghi

Tempo di preparazione + cottura: 6 ore 15 minuti | Porzioni: 3

Ingredienti:

Spalla del mandrino di manzo da 1 libbra

1 carota di media grandezza, affettata

1 cipolla grande, tritata

¾ tazza di funghi champignon, affettati

1 tazza di brodo di manzo

2 cucchiai di olio d'oliva

4 spicchi d'aglio, tritati finemente

Sale e pepe nero qb

Indicazioni:

Preparare un bagnomaria e inserire il Sous Vide. Impostare a 136 F. Mettere la spalla del mandrino di manzo in un grande sacchetto sigillabile sottovuoto insieme alla carota affettata e metà del brodo. Immergere la busta sigillata nel bagnomaria e cuocere per 6 ore. Una volta che il timer si è fermato, rimuovere la carne dalla busta e asciugare tamponando.

In una pentola scaldate l'olio d'oliva e mettete la cipolla e l'aglio. Saltare in padella fino a quando non diventa traslucido, per 3-4 minuti. Aggiungere la spalla di manzo, il brodo rimanente, 2 tazze di acqua, i funghi, il sale e il pepe. Portalo a ebollizione e abbassa la fiamma al minimo. Cuocere per altri 5 minuti, mescolando continuamente.

Funghi Ripieni di Pomodoro

Tempo di preparazione + cottura: 60 minuti | Porzioni: 4

Ingredienti:

2 libbre di funghi Cremini

1 peperone giallo, tritato finemente

2 pomodori di media grandezza, pelati e tritati finemente

2 cipollotti, tritati finemente

1 tazza di carne macinata magra

3 cucchiai di olio d'oliva

Sale e pepe nero qb

Indicazioni:

Preparare un bagnomaria e inserire il Sous Vide. Impostare a 131 F. Cuocere a vapore i funghi e mettere da parte i cappucci. Trita i gambi dei funghi. Scalda 2 cucchiai di olio d'oliva in un'ampia padella. Aggiungere le cipolle e rosolare per 1 minuto.

Ora aggiungi la carne macinata e fai rosolare per altri minuti, mescolando continuamente. Mescolare i gambi dei funghi, i pomodori, il peperone, il sale e il pepe nero e continuare a rosolare per altri 3 minuti.

Disporre le cappelle a fungo su un piano di lavoro pulito e irrorare con l'olio rimanente. Versare il composto di manzo in ogni tappo e metterlo in un grande sacchetto sigillabile sottovuoto in un unico strato. Rilasciare l'aria con il metodo dello spostamento dell'acqua, sigillare e immergere la sacca nel bagnomaria. Imposta il timer per 50 minuti.

Una volta che il timer si è fermato, rimuovere i funghi dal sacchetto. Trasferire in un piatto da portata. Versare sopra i succhi di funghi rimasti nel sacchetto. Servire con insalata.

Stufato di manzo Classic

Tempo di preparazione + cottura: 3 ore 15 minuti | Porzioni: 4

Ingredienti:

1 libbra di collo di manzo, tagliato a pezzetti

½ melanzane grandi, affettate

1 tazza di pomodori arrostiti al fuoco

1 tazza di brodo di manzo

½ tazza di Borgogna

¼ di tazza di olio vegetale

5 grani di pepe, interi

2 cucchiai di burro, non salato

1 foglia di alloro, intera

1 cucchiaio di concentrato di pomodoro

½ cucchiaio di pepe di cayenna

¼ di cucchiaino di peperoncino (facoltativo)

1 cucchiaino di sale

Prezzemolo fresco per guarnire

Indicazioni:

Preparare un bagnomaria e inserire il Sous Vide. Impostare su 135 F. Sciacquare la carne sotto l'acqua corrente fredda. Asciugare con carta da cucina e appoggiare su una superficie di lavoro pulita. Usando un coltello affilato, taglialo a pezzetti.

In una grande ciotola, unisci il bordeaux con olio, pepe in grani, alloro, pepe di cayenna, peperoncino e sale. Immergere la carne in questa miscela e conservare in frigorifero per 2 ore. Togliere la carne dalla marinata e asciugare tamponando con carta da cucina. Riserva il liquido. Mettere in un grande sacchetto sigillabile sottovuoto. Sigilla la borsa.

Immergere la busta sigillata nel bagnomaria e cuocere per 1 ora. Togliere dal bagnomaria, scartare la foglia di alloro e trasferirla in una pentola profonda e dal fondo pesante. Aggiungere il burro e sciogliere delicatamente a fuoco medio. Aggiungere le melanzane, i pomodori e ¼ di tazza di marinata. Cuocere per altri 5 minuti, mescolando continuamente. Assaggiare, aggiustare i condimenti e servire guarnendo con prezzemolo fresco tritato.

Hamburger all'aglio

Tempo di preparazione + cottura: 70 minuti | Porzioni: 4

Ingredienti:

1 libbra di carne macinata magra

3 spicchi d'aglio, schiacciati

2 cucchiai di pangrattato

3 uova sbattute

4 panini per hamburger

4 foglie di lattuga croccante

4 fette di pomodoro

¼ di tazza di lenticchie, ammollate

¼ di tazza di olio, diviso a metà

1 cucchiaio di coriandolo, tritato finemente

Sale e pepe nero qb

Indicazioni:

Preparare un bagnomaria, inserire Sous Vide e impostare su 139 F.

Nel frattempo, in una ciotola, unisci le lenticchie con la carne di manzo, l'aglio, il coriandolo, il pangrattato, le uova e tre cucchiai di olio. Condite con sale e pepe nero. Con le mani, modellare gli hamburger e adagiarli su un piano di lavoro leggermente infarinato.

Metti delicatamente ogni hamburger in un sacchetto sigillabile sottovuoto e sigilla. Immergere nel bagnomaria e cuocere per 1 ora.

Una volta che il timer si è fermato, rimuovere con attenzione gli hamburger dal sacchetto e asciugarli con carta assorbente. Mettere da parte. Riscalda l'olio rimanente in una padella capiente. Brown hamburger per 2-3 minuti su ciascun lato per una maggiore croccantezza. Condisci gli hamburger con la tua salsa preferita e trasferiscili sui panini. Guarnire come con lattuga e pomodoro e servire subito.

Spezzatino di Manzo Macinato

Tempo di preparazione + cottura: 60 minuti | Porzioni: 3

Ingredienti:

4 melanzane di media grandezza, tagliate a metà

½ tazza di carne macinata magra

2 pomodori di media grandezza, tritati

¼ di tazza di olio extravergine di oliva

2 cucchiai di mandorle tostate, tritate finemente

1 cucchiaio di foglie di sedano fresche, tritate finemente

Sale e pepe nero qb

1 cucchiaino di timo

Indicazioni:

Preparare un bagnomaria e inserire il Sous Vide. Impostare a 180 F. Affettare le melanzane a metà, nel senso della lunghezza. Raccogli la polpa e trasferisci in una ciotola. Cospargete generosamente di sale e lasciate riposare per dieci minuti.

Riscalda 3 cucchiai di olio a fuoco medio. Friggere brevemente le melanzane, per 3 minuti su ogni lato e toglierle dalla padella. Usa della carta da cucina per assorbire l'olio in eccesso. Mettere da parte.

Mettere la carne macinata nella stessa padella. Saltare in padella per 5 minuti, incorporare i pomodori e cuocere a fuoco lento finché i pomodori non si saranno ammorbiditi. Aggiungere le melanzane, le mandorle e le foglie di sedano e cuocere per 5 minuti. Spegnere il fuoco e incorporare il timo.

Trasferisci tutto in un grande sacchetto sigillabile sottovuoto. Rilasciare l'aria con il metodo dello spostamento dell'acqua, sigillare e immergere la sacca nel bagnomaria. Imposta il timer per 40 minuti.

Una volta che il timer si è fermato, rimuovere la busta e versare il contenuto su una grande ciotola. Assaggia e aggiusta i condimenti. Servire guarnito con prezzemolo, se lo si desidera.

Controfiletto di manzo in salsa di pomodoro

Tempo di preparazione + cottura: 2 ore 5 minuti | Porzioni: 3

Ingredienti:

Medaglioni di controfiletto di manzo da 1 libbra

1 tazza di pomodori arrostiti al fuoco

1 cucchiaino di salsa al peperoncino

3 spicchi d'aglio, schiacciati

2 cucchiaini di peperoncino

2 cucchiaini di aglio in polvere

2 cucchiaini di succo di lime fresco

1 foglia di alloro

2 cucchiaini di olio vegetale

Sale e pepe nero qb

Indicazioni:

Preparare un bagnomaria, inserire il Sous Vide e impostare a 129 F. Condire la carne con sale e pepe nero.

In una ciotola, unire i pomodori arrostiti al fuoco con la salsa di peperoncino, l'aglio schiacciato, il peperoncino, l'aglio in polvere e il succo di lime. Aggiungere il controfiletto al composto e mescolare per ricoprire. Mettere nella busta sottovuoto in un unico strato e sigillarla. Immergere nel bagnomaria e cuocere per 2 ore.

Una volta che il timer si è fermato, rimuovere i medaglioni e asciugarli. Eliminare la foglia di alloro. Riserva i succhi di cottura. Rosolare in una padella calda per circa 1 minuto. Servire con la salsa e il purè di patate.

Manzo con Cipolle

Tempo di preparazione + cottura: 1 ora e 15 minuti | Porzioni: 3

Ingredienti:

¾ tazza di carne magra, tagliata a pezzetti

2 cipolle grandi, sbucciate e tritate finemente

¼ di tazza d'acqua

3 cucchiai di senape

1 cucchiaino di salsa di soia

1 cucchiaino di timo essiccato

2 cucchiai di olio vegetale

2 cucchiai di olio di sesamo

Indicazioni:

Preparare un bagnomaria e inserire il Sous Vide. Impostare su 136 F. Risciacquare la carne e asciugarla tamponando con carta da cucina. Con un pennello da cucina, spalmare la senape sulla carne e cospargere di timo essiccato.

Mettere in un sacchetto sigillabile sottovuoto insieme a salsa di soia, cipolle tritate e olio di sesamo. Sigilla la borsa. e immergere nella vasca da bagno e cuocere per 1 ora. Rimuovere dal bagnomaria. Asciugare la carne con un tovagliolo di carta e mettere da parte.

Riscaldare l'olio vegetale in una padella larga, a fuoco medio. Aggiungere le costolette di manzo e saltare in padella per 5 minuti, mescolando continuamente. Togliete dal fuoco e servite.

Costolette all'aglio

Tempo di preparazione + cottura: 10 ore 15 minuti | Porzioni: 8

Ingredienti:

3 libbre di costolette, tagliate

1 rametto di rosmarino

1 rametto di timo

Sale e pepe nero qb

6 spicchi d'aglio

1 cucchiaio di olio d'oliva

Indicazioni:

Preparare un bagnomaria e inserire il Sous Vide. Impostare a 140 F. Condire la costata con sale e pepe e metterla in un sacchetto sigillabile sottovuoto con timo e rosmarino. Rilasciare l'aria con il metodo dello spostamento dell'acqua, sigillare e immergere la sacca a bagnomaria. Imposta il timer per 10 ore.

Una volta che il timer si è fermato, rimuovere la borsa. Schiacciare gli spicchi d'aglio in una pasta, distribuire la pasta sulla carne. Scaldare l'olio d'oliva in una padella e rosolare la carne su tutti i lati, per qualche minuto.

Filetto di manzo con carotine

Tempo di preparazione + cottura: 2 ore e 15 minuti | Porzioni: 5

Ingredienti:

2 libbre di filetto di manzo

7 carotine, affettate

1 cipolla, tritata

1 tazza di concentrato di pomodoro

2 cucchiai di olio vegetale

2 cucchiai di prezzemolo fresco, tritato finemente

Sale e pepe nero qb

Indicazioni:

Preparare un bagnomaria e inserire il Sous Vide. Impostare a 133 F. Lavare e asciugare tamponando la carne con carta da cucina. Usando un coltello affilato, tagliarlo a pezzetti e condire con sale e pepe.

In una padella, rosolare la carne di manzo nell'olio a fuoco medio, girando in modo uniforme per 5 minuti.

Ora, aggiungi le carote e la cipolla affettate nella padella, cuocendo fino a quando non si saranno ammorbidite, circa 2 minuti. Mescolare il concentrato di pomodoro, il sale e il pepe. Versare ½ tazza di acqua.

Togliere dal fuoco e trasferire in un grande sacchetto sigillabile sottovuoto in un unico strato. Rilasciare l'aria con il metodo dello spostamento dell'acqua, sigillare e immergere la sacca nel bagnomaria. Imposta il timer per 2 ore. Rimuovere il sacchetto dalla vasca e trasferire il contenuto nel piatto da portata. Servire guarnito con prezzemolo fresco.

Costolette Di Manzo al Vino Rosso

Tempo di preparazione + cottura: 6 ore 15 minuti | Porzioni: 3

Ingredienti:

Costolette di manzo da 1 libbra

¼ di tazza di vino rosso

1 cucchiaino di miele

½ tazza di concentrato di pomodoro

2 cucchiai di olio d'oliva

½ tazza di brodo di manzo

¼ di tazza di aceto di mele

1 spicchio d'aglio, tritato

1 cucchiaino di paprika

Sale e pepe nero qb

Indicazioni:

Preparare un bagnomaria e inserire il Sous Vide. Impostare su 140 F. Risciacquare e scolare le costine. Condisci con sale, pepe e paprika. Mettere in un sacchetto sigillabile sottovuoto in un unico strato insieme a vino, concentrato di pomodoro, brodo di carne, miele e sidro di mele. Rilasciare l'aria con il metodo dello spostamento dell'acqua, sigillare e immergere la sacca nel bagnomaria. Imposta il timer per 6 ore. Asciugare le costole. Eliminare i liquidi di cottura.

In una padella capiente, scalda l'olio d'oliva a fuoco medio. Aggiungere l'aglio e saltare in padella fino a quando non diventa traslucido. Mettete le costine e fatele rosolare per 5 minuti per lato.

Carne di Manzo Pepe

Tempo di preparazione + cottura: 6 ore 10 minuti | Porzioni: 2

Ingredienti:

1 libbra di filetto di manzo, tagliato a pezzetti

1 cipolla grande tritata finemente

1 cucchiaio di burro, sciolto

1 cucchiaio di prezzemolo fresco, tritato finemente

1 cucchiaino di timo essiccato, macinato

1 cucchiaio di succo di limone, appena spremuto

1 cucchiaio di concentrato di pomodoro

Sale e pepe nero qb

Indicazioni:

Preparare un bagnomaria e inserire il Sous Vide. Impostare a 158 F. Unire accuratamente tutti gli ingredienti, tranne il prezzemolo, in un grande sacchetto sigillabile sottovuoto. Rilasciare l'aria con il metodo dello spostamento dell'acqua, sigillare e immergere la sacca nel bagnomaria. Imposta il timer per 6 ore.

Una volta che il timer si è fermato, rimuovere dal bagnomaria e aprire la borsa. Servire subito guarnito con prezzemolo fresco tritato.

Manzo alla Stroganoff

Tempo di preparazione + cottura: 24 ore 15 minuti | Porzioni: 4

Ingredienti:

1 libbra di mandrino arrosto, tagliato a pezzi

½ cipolla tritata

1 libbra di funghi, affettati

1 spicchio d'aglio, tritato

¼ di bicchiere di vino bianco

4 cucchiai di yogurt greco

½ tazza di brodo di manzo

1 cucchiaio di burro

1 rametto di prezzemolo fresco a foglia piatta

Sale e pepe nero qb

Indicazioni:

Preparare un bagnomaria e inserire il Sous Vide. Impostare a 140 F. Condire la carne con sale e pepe. Mettere in un sacchetto sigillabile sottovuoto e sigillare. Immergere nell'acqua preriscaldata e cuocere per 24 ore.

Il giorno successivo, sciogliere il burro in una padella a fuoco medio. Aggiungere le cipolle e l'aglio e rosolare finché non si saranno ammorbiditi, circa 3 minuti. Aggiungere i funghi e cuocere per altri 5 minuti. Bagnare con il vino e il brodo e cuocere fino a quando il composto si sarà ridotto della metà.

Incorporare la carne e cuocere per un altro minuto. Assaggia e aggiusta i condimenti. Servire caldo con prezzemolo fresco tritato.

Bocconcini di manzo con salsa teriyaki e semi

Tempo di preparazione + cottura: 70 minuti | Porzioni: 2

Ingredienti

2 bistecche di manzo

½ tazza di salsa teriyaki

2 cucchiai di salsa di soia

2 cucchiaini di peperoncini freschi, tritati

1 ½ cucchiaio di semi di sesamo, tostati

2 cucchiai di semi di papavero, tostati

8 once di spaghetti di riso

2 cucchiai di olio di sesamo

1 cucchiaio di scalogno, tritato finemente

Indicazioni

Preparare un bagnomaria e inserire il Sous Vide. Impostare a 134 F. Tritare la carne di manzo a cubetti e metterla in un sacchetto sigillabile sottovuoto. Aggiungi 1/2 tazza di salsa teriyaki. Rilasciare l'aria con il metodo dello spostamento dell'acqua, sigillare e immergere la sacca nel bagnomaria. Cuocere per 60 minuti.

In una ciotola, mescolare la salsa di soia e i peperoncini. In un'altra ciotola mettete i semi di papavero. Dopo 50 minuti, inizia a cuocere le tagliatelle. Scolatele e trasferitele in una ciotola. Una volta che il timer si è fermato, rimuovere la carne e scartare i succhi di cottura. Riscaldare l'olio di sesamo in una padella a fuoco alto e aggiungere la carne di manzo con 6 cucchiai di salsa teriyaki. Cuocere per 5 secondi. Servire in una ciotola e guarnire con semi tostati.

Bistecca di fianco al limone e pepata

Tempo di preparazione + cottura: 2 ore e 15 minuti | Porzioni: 4

Ingredienti:

Bistecca di fianco da 2 libbre

1 cucchiaio di scorza di lime

1 limone, a fette

½ cucchiaino di pepe di cayenna

1 cucchiaino di aglio in polvere

Sale e pepe nero qb

¼ di tazza di sciroppo d'acero

½ tazza di brodo di pollo

Indicazioni:

Preparare un bagnomaria e inserire il Sous Vide. Impostare su 148 F. Unire le spezie e la scorza e strofinare sulla bistecca. Lascia riposare per circa 5 minuti.

Montare il brodo e lo sciroppo d'acero. Mettere la bistecca in un sacchetto sigillabile sottovuoto e aggiungere le fettine di limone. Rilasciare l'aria con il metodo dello spostamento dell'acqua, sigillare e immergere la sacca a bagnomaria. Imposta il timer per 2 ore. Una volta fatto, rimuovere e trasferire su una griglia e cuocere per 30 secondi per lato. Servite subito.

Spezzatino di manzo e verdure

Tempo di preparazione + cottura: 4 ore 25 minuti | Porzioni: 12

Ingredienti:

16 once di filetto di manzo, a cubetti

4 patate, tritate

3 carote, affettate

5 once di scalogno, a fette

1 cipolla, tritata

2 spicchi d'aglio, tritati

¼ di tazza di vino rosso

¼ di tazza di panna

2 cucchiai di burro

1 cucchiaino di paprika

½ tazza di brodo di pollo

½ cucchiaino di curcuma

Sale e pepe nero qb

1 cucchiaino di succo di limone

Indicazioni:

Preparare un bagnomaria e inserire il Sous Vide. Impostare a 155 F. Mettere la carne di manzo insieme a sale, pepe, curcuma, paprika e vino rosso in un sacchetto sigillabile sottovuoto. Massaggiare bene per ricoprire. Rilasciare l'aria con il metodo dello spostamento dell'acqua, sigillare e immergere la sacca a bagnomaria. Imposta il timer per 4 ore.

Nel frattempo, unisci gli ingredienti rimanenti in un altro sacchetto sigillabile sottovuoto. Sigillatelo e immergetelo nella stessa vasca 3 ore prima del termine della cottura della carne. Una volta fatto, togliete tutto e mettete in una pentola a fuoco medio e fate cuocere per 15 minuti.

Bistecca di manzo piccante

Tempo di preparazione + cottura: 2 ore 10 minuti | Porzioni: 5

Ingredienti:

2 libbre di bistecca di manzo

3 cucchiai di olio d'oliva

2 cucchiaini di scorza di limone

½ cucchiaino di pepe

1 cucchiaino di origano

1 cucchiaio di burro

¼ di cucchiaino di fiocchi di peperone rosso

Indicazioni:

Preparare un bagnomaria e inserire il Sous Vide. Impostare su 130 F. Unire tutte le spezie e strofinare sulla carne. Mettere in un sacchetto sigillabile sottovuoto. Rilasciare l'aria con il metodo dello spostamento dell'acqua, sigillare e immergere la sacca a bagnomaria. Imposta il timer per 2 ore.

Una volta che il timer si è fermato, rimuovere la busta e tagliare la bistecca in 5 pezzi uguali. Rosolare su tutti i lati in una padella a fuoco medio per circa 30 secondi.

Polpettone di Worcestershire

Tempo di preparazione + cottura: 2 ore e 15 minuti | Porzioni: 4

Ingredienti:

1 libbra di carne macinata

1 tazza di pangrattato

1 cipolla, tritata

1 uovo

1 tazza di yogurt

1 spicchio d'aglio, tritato

Sale e pepe nero qb

Smalto:

1 cucchiaio di ketchup

2 cucchiaini di zucchero di canna

2 cucchiai di salsa Worcestershire

Indicazioni:

Preparare un bagnomaria e inserire il Sous Vide. Impostare su 170 F. Unire tutti gli ingredienti del polpettone in una ciotola. Mescolare con le mani fino a incorporarlo completamente, metterlo in un sacchetto sigillabile sottovuoto e formare un tronco. Rilasciare l'aria con il metodo dello spostamento dell'acqua, sigillare e immergere la sacca a bagnomaria. Imposta il timer per 2 ore.

Una volta che il timer si è fermato, rimuovere la busta e trasferirla su una pirofila. Sbatti insieme gli ingredienti per la glassa e spennella il polpettone. Cuocere sotto una griglia finché non inizia a bollire.

Bistecca di manzo “ubriaca”

Tempo di preparazione + cottura: 2 ore e 15 minuti | Porzioni: 4

Ingredienti:

Bistecca di manzo da 1 libbra

1 tazza di vino rosso

2 cucchiaini di burro

1 cucchiaino di zucchero

Sale e pepe nero qb

Indicazioni:

Preparare un bagnomaria e inserire il Sous Vide. Impostare a 131 F. Unire il vino rosso alle spezie e versare in un sacchetto sigillabile sottovuoto. Metti la carne all'interno. Rilasciare l'aria con il metodo dello spostamento dell'acqua, sigillare e immergere la sacca a bagnomaria. Imposta il timer per 2 ore. Una volta che il timer si è fermato, rimuovere la borsa. Sciogliere il burro in una padella e rosolare la carne su tutti i lati per qualche minuto.

Rotolo di Bistecca di Formaggio Delizioso

Tempo di preparazione + cottura: 75 minuti | Porzioni: 4

Ingredienti

2 peperoni, tagliati a fettine sottili

½ cipolla rossa, tagliata a fettine sottili

2 cucchiai di olio d'oliva

Sale e pepe nero qb

Bistecca di gonna cotta da 1 libbra, affettata sottilmente

4 involtini morbidi di hoagie

8 fette di formaggio cheddar

Indicazioni

Preparare un bagnomaria e inserire il Sous Vide. Impostare su 186 F. Mettere i peperoni, la cipolla e l'olio d'oliva in un sacchetto sigillabile sottovuoto. Condire con sale e pepe. Rilasciare l'aria con il metodo dello spostamento dell'acqua, sigillare e immergere la sacca nel bagnomaria. Cuocere per 60 minuti.

Dopo 55 minuti, mettete dentro la bistecca cotta e immergetela. Cuocere per altri 5 minuti. Una volta fatto, rimuovere la busta e mettere da parte. Preriscaldare il forno a 400 gradi. Tagliare gli involtini di hoagie al centro e guarnire con il formaggio. Cuocere per 2 minuti. Trasferire su un piatto e guarnire con peperoni, bistecche e cipolle.

Petto di Digione al Miele

Tempo di preparazione + cottura: 48 ore 20 minuti | Porzioni: 12

Ingredienti

6 libbre di petto di manzo

2 cucchiai di olio d'oliva

4 scalogni grandi, affettati

4 spicchi d'aglio, sbucciati e schiacciati

¼ di tazza di aceto di mele

½ tazza di concentrato di pomodoro

½ tazza di miele

¼ di tazza di senape di Digione

2 tazze d'acqua

1 cucchiaio di pepe nero intero in grani

2 bacche di pimento essiccate

Sale qb

Indicazioni

Preparare un bagnomaria e inserire il Sous Vide. Impostato su 155 F.

Scaldare l'olio d'oliva in una padella a fuoco alto e rosolare la punta di petto fino a doratura su entrambi i lati. Mettere da parte. Nella stessa padella a fuoco medio soffriggere lo scalogno e l'aglio per 10 minuti.

Unisci aceto, miele, concentrato di pomodoro, senape, pepe in grani, acqua, pimento e chiodi di garofano. Aggiungi la miscela di scalogno. Mescolare bene. Mettere la punta di petto e il composto in un sacchetto sigillabile sottovuoto. Rilasciare l'aria con il metodo dello spostamento dell'acqua, sigillare e immergere la sacca nel bagnomaria. Cuocere per 48 ore.

Una volta che il timer si è fermato, rimuovere il sacchetto e asciugare la carne. Versare il sugo di cottura in una casseruola a fuoco vivace e cuocere fino a quando il sugo si sarà ridotto della metà, 10 minuti. Servire con la punta di petto.

Stufato di ribeye al rosmarino

Tempo di preparazione + cottura: 6 ore 35 minuti | Porzioni: 12

ingredienti

3 libbre di ribeye di manzo con osso

Sale e pepe nero qb

1 cucchiaio di peperone verde

1 cucchiaio di semi di sedano essiccati

2 cucchiai di aglio in polvere

4 rametti di rosmarino

1 cucchiaio di cumino

1 tazza di brodo di manzo

2 albumi d'uovo

Indicazioni

Marinare la carne con il sale. Lascia raffreddare per 12 ore. Preparare un bagnomaria e inserire il Sous Vide. Impostare a 132 F. Posizionare la carne in un sacchetto sigillabile sottovuoto. Rilasciare l'aria con il metodo dello spostamento dell'acqua, sigillare e immergere la sacca nel bagnomaria. Cuocere per 6 ore.

Preriscaldare il forno a 425 F.Una volta che il timer si è fermato, rimuovere la carne e asciugare. Unisci peperoni, semi di sedano, aglio in polvere, cumino e rosmarino. Condire l'arrosto di manzo con un bianco d'uovo, una miscela di sedano e sale. Mettere l'arrosto in una teglia e infornare per 10 minuti. Lasciar raffreddare per 10 minuti e affettare. Impiattare la carne e guarnire con la salsa.

Controfiletto Divino con Purea di Patate Dolci

Tempo di preparazione + cottura: 1 ora e 20 minuti | Porzioni: 4

iongredients

4 bistecche di controfiletto

2 libbre di patate dolci, a cubetti

¼ di tazza di condimento per bistecca

Sale e pepe nero qb

4 cucchiai di burro

Olio di canola per rosolare

Indicazioni

Preparare un bagnomaria e inserire il Sous Vide. Impostare su 129 F. Posizionare le bistecche condite in un sacchetto sigillabile sottovuoto. Rilasciare l'aria con il metodo dello spostamento dell'acqua, sigillare e immergere la sacca nel bagnomaria. Cuocere per 1 ora.

Lessare le patate per 15 minuti. Scolatela e trasferitela in una ciotola con il burro. Schiacciare e condire con sale e pepe. Una volta che il timer si è fermato, rimuovere le bistecche e asciugarle tamponando.

Scalda l'olio in una pentola a fuoco medio. Rosolare per 1 minuto.

Servire con la purea di patate.

Hamburger classici al formaggio

Tempo di preparazione + cottura: 1 ora e 15 minuti | Porzioni: 4

ingredienti

1 libbra di carne macinata

2 panini per hamburger

2 fette di formaggio cheddar

Sale e pepe nero qb

Burro per tostare

Indicazioni

Preparare un bagnomaria e inserire il Sous Vide. Impostare a 137 F. Condire la carne con sale e pepe e formare delle polpette. Mettere in un sacchetto sigillabile sottovuoto. Rilasciare l'aria con il metodo dello spostamento dell'acqua, sigillare e immergere la sacca nel bagnomaria. Cuocere per 1 ora.

Nel frattempo scaldare una padella e tostare i panini con il burro. Una volta che il timer si è fermato, rimuovere gli hamburger e trasferirli in una padella. Rosolare per 30 secondi per lato. Ricopri l'hamburger con il formaggio e cuoci finché non si scioglie. Metti l'hamburger tra i panini e servi.

Costolette di manzo con cavolfiore

Tempo di preparazione + cottura: 2 ore 10 minuti | Porzioni: 2

ingredienti

2 bistecche di costata

8 once di tagliatelle, bollite e scolate

2 tazze di olio

2 tazze di cavolfiore, bollito e scolato

1 cipolla, affettata

2 tazze di brodo di pollo caldo

2 cucchiai di amido di mais

Sale e pepe nero qb

Indicazioni

Preparare un bagnomaria e inserire il Sous Vide. Impostare su 134 F. Posizionare la costola in un sacchetto sigillabile sottovuoto. Rilasciare l'aria con il metodo dello spostamento dell'acqua, sigillare e immergere la sacca a bagnomaria. Cuocere per 1-2 ore. In una ciotola, unire il brodo di pollo e la maizena.

Scaldare l'olio in una padella e friggere le tagliatelle per 5 minuti; mettere da parte. Aggiungere la cipolla e il cavolfiore e soffriggere con il mix di pollo. Cuocere fino a che non sia denso. Una volta fatto, asciugare le costole. Condire con sale e pepe. Trasferire nella padella e rosolare per 1 minuto per lato. In una ciotola, metti le tagliatelle, le verdure e la bistecca. Condire con sale e pepe.

Tacos Kimchi Rib Eye con Avocado

Tempo di preparazione + cottura: 2 ore e 25 minuti | Porzioni: 4

ingredienti

2 libbre di costolette, tagliate a fettine sottili

½ tazza di salsa di soia

3 gambi di cipolla verde, affettati

1 cucchiaio di salsa Tabasco

6 spicchi d'aglio, tritati

2 cucchiai di zucchero di canna

Curcuma da 1 pollice, grattugiata

1 cucchiaio di olio di sesamo

½ cucchiaino di peperoncino in polvere

8 tortillas di mais

Kimchi per guarnire

1 avocado a fette

Indicazioni

Preparare un bagnomaria e inserire il Sous Vide. Impostato su 138 F.

Riscaldare una casseruola a fuoco medio e unire salsa di soia, cipolla verde, aglio, salsa tabasco, zucchero di canna, curcuma, peperoncino in polvere e olio di sesamo. Cuocere fino a quando lo zucchero non si sarà sciolto. Consenti il raffreddamento.

Mettere il composto di salsa in un sacchetto sigillabile sottovuoto. Rilasciare l'aria con il metodo dello spostamento dell'acqua, sigillare e immergere la sacca nel bagnomaria. Cuocere per 2 ore. Una volta che il timer si è fermato, togliere la salsa e trasferirla in una casseruola per ridurre. In una griglia, mettere le costine e cuocere fino a quando diventano croccanti. Tagliate le costolette a cubetti. Crea un taco con la tortilla, il manzo e l'avocado. Guarnire con Kimchi e salsa piccante.

Filetto facile da preparare con salsa di Cayenne

Tempo di preparazione + cottura: 55 minuti | Porzioni: 2

iongredients

16 bistecche di filetto di manzo

¼ di cucchiaino di pepe di Caienna in polvere

Sale e pepe nero qb

½ cucchiaio di burro

½ cucchiaio di olio d'oliva

2 cucchiai di cipolla, tritata finemente

1 spicchio d'aglio, tritato

¼ di tazza di sherry

2 cucchiai di aceto balsamico

1 peperoncino chipotle

¼ di tazza d'acqua

1 cucchiaio di concentrato di pomodoro

1 cucchiaino di salsa di soia

1 cucchiaio di melassa

1 cucchiaio di olio vegetale

Coriandolo, tritato, per guarnire

Indicazioni

Preparare un bagnomaria e inserire il Sous Vide. Impostato su 125 F.

Unisci la bistecca con pepe chipotle, sale e pepe e mettila in un sacchetto sigillabile sottovuoto. Rilasciare l'aria con il metodo dello spostamento dell'acqua, sigillare e immergere la sacca a bagnomaria. Cuocere per 40 minuti.

Nel frattempo, prepara la salsa scaldando una padella a fuoco medio. Aggiungere il burro e la cipolla e cuocere finché non si saranno ammorbiditi. Mescolare l'aglio e cuocere per un altro minuto. Versare lo sherry e cuocere finché non si sarà ridotto. Versare l'aceto balsamico, il pepe di Caienna, l'acqua, il concentrato di pomodoro, la salsa di soia e la melassa. Agitare. Grigliare fino a quando non è denso.

Una volta che il timer si è fermato, rimuovere la bistecca e trasferirla in una padella riscaldata con burro a fuoco alto e rosolare per 1 minuto. Completare con la salsa e guarnire con il coriandolo per servire.

Fegato all'aglio

Tempo di preparazione + cottura: 1 ora e 25 minuti | Porzioni: 4

Ingredienti:

Fegato di vitello da 1 libbra, tagliato a fettine sottili

3 cucchiai di olio d'oliva

2 spicchi d'aglio, schiacciati

1 cucchiaio di menta fresca, tritata finemente

2 cucchiaini di pepe di Cayenna, macinato

1 cucchiaino di sale

1 cucchiaino di miscela di condimento italiano

Indicazioni:

Fare un bagnomaria, inserire il sottovuoto e impostare a 129 F. Sciacquare accuratamente il fegato sotto l'acqua corrente fredda. Assicurati di lavare via tutte le tracce di sangue. Asciugare con carta da cucina. Utilizzando un coltello da cucina affilato rimuovere tutte le vene, se presenti. Tagliare trasversalmente a fettine sottili.

Quindi, in una piccola ciotola, unisci olio d'oliva, aglio, menta, pepe di Caienna, sale e condimento italiano. Mescolare fino a quando ben incorporato. Spennellate generosamente le fette di fegato con questa miscela e mettete in frigorifero per 30 minuti. Togliete dal frigorifero e mettete in un grande sacchetto sigillabile sottovuoto.

Rilasciare l'aria con il metodo dello spostamento dell'acqua e sigillare i sacchetti. Immergili nel bagnomaria e imposta il timer per 40 minuti.

Una volta che il timer si è fermato, rimuovere dal bagnomaria e aprire la borsa. Ungete una padella capiente con un filo d'olio e mettetela a fettine di fegato. Brevemente, rosolare su entrambi i lati per 2 minuti. Condire con olio extravergine di oliva e servire con il pane.

Lightning Source UK Ltd.
Milton Keynes UK
UKHW020632010621
384730UK00011B/487